पवित्र आत्मा और आज सुसमाचार प्रचार

पादरी महेंद्र कुमार

क्रम-सूची

प्रस्तावना

प्रभु ने मुझे एक विशेष आदेश दिया कि मैं उन लोगों के लिए एक व्यावहारिक पुस्तक लिखूँ, जिनमें पवित्र आत्मा को समझने और पवित्र आत्मा को चिन्हों और चमत्कारों के साथ सुसमाचार प्रचार करने के लिए प्राप्त करने का तीव्र उत्साह है। प्रभु परमेश्वर स्वयं अपनी प्रेमपूर्ण और गतिशील पवित्र आत्मा को उंडेलें (प्रेरितों के काम 1:8)। इस पुस्तक के सभी पाठकों के लिए और उन्हें प्रेरित करें, उन्हें झकझोरें और उन्हें सुसमाचार प्रचार में बहुत ही व्यावहारिक उपयोग बताएं। यदि पवित्र आत्मा की शक्ति है तो सुसमाचार प्रचार प्रेरितों और प्रारंभिक चर्च के दिनों की तरह आसान हो जाता है। पवित्र आत्मा निश्चित रूप से सुसमाचार प्रचार में आने वाली कठिनाइयों और बाधाओं को दूर करेगा।

1

परिचय

सबसे महत्वपूर्ण मुद्दों में से एक पवित्र आत्मा है। यीशु के मृतकों में से जी उठने के बाद वह 40 दिनों तक अपने शिष्यों के सामने प्रकट हुए। उन्होंने उनसे वादा किया कि वह एक और परामर्शदाता देंगे। यीशु ने हमें इस दुनिया में अकेला नहीं छोड़ा है। उसने हमें अपनी पवित्र आत्मा भेजी है। सबसे पहले हमें यह समझने की ज़रूरत है कि पवित्र आत्मा परमेश्वर है। तब पतरस ने हनन्याह से कहा, "तुमने मनुष्यों से नहीं, बल्कि परमेश्वर से झूठ बोला है। प्रेरितों के काम 5:3-4। जब हम पवित्र आत्मा को अपने अंदर आने देते हैं, तो वह हमें इस दुनिया में परमेश्वर की महिमा करने के लिए सशक्त बनाता है। हर विश्वासी को पवित्र आत्मा की ज़रूरत होती है। दूसरे शब्दों में पवित्र आत्मा हमें दी जाती है।

2

अलग-अलग तरीकों से पवित्र आत्मा

बाइबल के अनुसार हम पवित्र आत्मा के अलग-अलग तरीके पाते हैं। पवित्र आत्मा के अलग-अलग तरीके हैं।

A. अलग-अलग नाम:

बाइबल में पवित्र आत्मा को अलग-अलग नाम से दिया गया है।

हम नहे **नहेमायाह 9:20** में पवित्र आत्मा को एक अच्छी आत्मा के रूप में पढ़ते हैं। हम हर दिन उसका अनुभव करते हैं "लेकिन पवित्र आत्मा त्रिएक की शक्ति है। यह उसकी शक्ति थी जिसने यीशु को मृतकों में से जीवित किया। यह वही पुनर्जीवित शक्ति है जो आज हमारे भौतिक शरीरों में प्रवाहित होती है, उपचार और पवित्रता प्रदान करती है।" पवित्र आत्मा, **यशायाह 63:10** के अनुसार परमेश्वर की आत्मा है। **मत्ती 3:16** परमेश्वर की आत्मा का अर्थ है स्वयं परमेश्वर। **यूहन्ना 14:16** में कहा गया है कि परामर्शदाता हमेशा हमारी मदद करने के लिए मौजूद रहता है।

  * बाय प्रेंटिस, लेकलैंड लंदन 1962 पृष्ठ 200

फिर हम **यूहन्ना 16:13** में सत्य की आत्मा पढ़ते हैं जो सभी सत्य को प्रकट करती है। परमेश्वर ने जो कुछ भी कहा है, वह हमें अपनी आत्मा के माध्यम से याद दिलाता है। **रोमियो 8:9** मसीह की आत्मा जब हम अब्बा पिता से प्रार्थना करते हैं तो यह हमें याद दिलाती है। **इब्रानियों 10:29** अनुग्रह की आत्मा। परमेश्वर की

कृपा हम पर है। हम परमेश्वर की कृपा के अधीन हैं। कोई भी व्यवस्था हमें नहीं रख सकता। उसने हमें सभी बंधनों से मुक्त कर दिया है। यह कलवरी के क्रूस पर किया गया था। बी। प्रतीकों के माध्यम से

पवित्र आत्मा की अभिव्यक्ति कुछ प्रतीकों के माध्यम से होती है। परमेश्वर ने कुछ प्रतीकों में पवित्र आत्मा को प्रकट किया है। मत्ती 3:16 जब यीशु को जॉन द बैपटिस्ट ने बपतिस्मा दिया तो परमेश्वर की आत्मा कबूतर की तरह आई। यूहन्ना ने जॉर्डन में स्पष्ट रूप से देखा।

1 राजा 19:12 हमें बताता है कि परमेश्वर की आत्मा आवाज में बात करती है जब एल्याह रानी से अपनी जान बचाने के लिए भाग रहा था तो उसने परमेश्वर की छोटी सी आवाज सुनी। उसने सर्वशक्तिमान परमेश्वर की आवाज को पहचान लिया।

इफिसियों 1:13 कहता है कि जब विश्वासी परमेश्वर का वचन सुनता है तो पवित्र आत्मा उस पर एक मुहर के रूप में होती है। मुहर परमेश्वर के अधिकार और वास्तविकता का प्रतीक है। यशायाह 44:3 और यूहन्ना 7:37-39 हमें बताते हैं कि परमेश्वर की आत्मा एक जीवित जल के रूप में है, जो आध्यात्मिक रूप से संतुष्ट करती है। प्रेरितों के काम 2:2 हमें बताता है कि ऊपरी कमरे में 120 शिष्यों पर पवित्र आत्मा उंडेली गई थी।

3 उन्होंने पवित्र आत्मा को हवा के रूप में अनुभव किया।

"सहकारी अभिषेक के रूप में जाना जाने वाला एक कार्य मौजूद है। यह अभिषेक तब काम करना शुरू करता है जब मसीह का शरीर प्रेम और एकता में एक साथ आता है।" 1 जब हम चर्च में गाते हैं तो हम चर्च में पवित्र आत्मा की हवा को बहते हुए महसूस करते हैं।

1 शमूएल 16:13 हमें बताता है कि जब शमूएल ने दाऊद का अभिषेक किया तो उसने तेल का इस्तेमाल किया। परमेश्वर की आत्मा दाऊद पर उतरी। प्रेरितों के काम 2:3 हमें बताता है कि पवित्र आत्मा जीभ की आग के रूप में शिष्यों पर उतरी। "नए नियम के अंतर्गत परमेश्वर के हर बच्चे में परमेश्वर की आत्मा होती है। यदि

आपका नया जन्म होता है तो परमेश्वर की आत्मा आपकी आत्मा में होती है।

3

एक व्यक्ति के रूप में पवित्र आत्मा

A. इच्छा शक्ति: 1 कुरिन्थियों 2:11, एक व्यक्ति के रूप में पवित्र आत्मा अपनी इच्छा के अनुसार देने की इच्छा रखता है। पवित्र आत्मा हमारे परमेश्वर की इच्छा को पूरा करता है।

B. बुद्धि: नहेमायाह 9:20 हम पढ़ते हैं कि पवित्र आत्मा न केवल उनके लिए अच्छी आत्मा है बल्कि वह उन्हें सिखा भी रही थी।

C. ज्ञान: I कुरिन्थियों 2:10-12, पवित्र आत्मा परमेश्वर की सभी समझ से परे है। हम उसकी आत्मा के द्वारा परमेश्वर की बात जान सकते हैं।

D. शक्ति: प्रेरितों के काम 1:8 जब पवित्र आत्मा आता है तो वह गवाही देने की शक्ति लाता है। शक्ति गतिशील और अलौकिक है।

E. प्रेम: जब पवित्र आत्मा आता है तो वह **रोमियो 5:5** के अनुसार दूसरों के लिए प्रेम लाता है।

4

पवित्र आत्मा को निश्चित पद सौंपा गया है

पवित्र आत्मा को ईश्वरीय उद्देश्य के लिए एक निश्चित पद सौंपा गया है। प्रेरितों के काम 19 में, पौलुस यूहन्ना के शिष्यों से पूछ रहा है कि क्या तुमने विश्वास करने के बाद पवित्र आत्मा प्राप्त की है? उन्होंने कहा कि हमने इसके बारे में नहीं सुना है? जब पौलुस ने उन पर अपना हाथ रखा तो उन्होंने पवित्र आत्मा प्राप्त की और ईश्वरीय उद्देश्य के लिए जीभ में बोले ताकि परमेश्वर की महिमा हो।

(1.1) आधिकारिक सांत्वना:

यूहन्ना 14:16 के अनुसार पवित्र आत्मा विश्वासियों को दिया जाने वाला आधिकारिक सांत्वना है।

(1.2) करुणा: पवित्र आत्मा हमें दूसरों के प्रति प्रेम और करुणा प्रकट करने के लिए दी गई है। यह व्यक्तिगत जीवन में अकेलेपन और अधिकार का इलाज है।

(1.3) पवित्र आत्मा के उपहार;

1 कुरिन्थियों 12 में हमें दिए गए पवित्र आत्मा के वरदान के बारे में भी बताया

गया है।

(1.4) पवित्र आत्मा के फल: **गलातियों 5:22** में पवित्र आत्मा के 9 फल हैं जो विश्वासियों के जीवन का हिस्सा हैं।

5

पवित्र आत्मा की अगुआई विश्वासी जीवन

A. शाश्वत जीवन: पवित्र आत्मा शाश्वत जीवन की याद दिलाता है जिसे हम हमेशा याद रखते हैं और मसीह में अपने शाश्वत जीवन की देखभाल करते हैं।

B. पवित्र आत्मा की आवाज़: हमारे आंतरिक अस्तित्व या आत्मिक मनुष्य में हम ईश्वर की आवाज़ सुनते हैं। जब हम ईश्वर की आत्मा के नेतृत्व में चलते हैं तो हम अपने अंतर्ज्ञान में पवित्र आत्मा की आवाज़ सुनते हैं।

C. आत्मा के प्रति जागरूक: यदि आप परमेश्वर की आत्मा के नेतृत्व में हैं तो हम हमेशा आत्मा के प्रति जागरूक रहते हैं।

D. आत्मा में प्रार्थना करना: हमेशा आत्मा में। हम इफिसियों 1:1-1 में पढ़ते हैं। 6:18 कि प्रार्थना करें

6

पवित्र आत्मा और सुसमाचार प्रचार

कई शताब्दियों से हम पवित्र आत्मा के बिना दुनिया में सुसमाचार प्रचार करने की कोशिश कर रहे हैं, लेकिन परमेश्वर का काम करना मुश्किल है।

साक्षी बनने की शक्ति: प्रेरितों के काम 1:8 में बताया गया है कि परमेश्वर

A हमें सामर्थ्य के लिए पवित्र आत्मा देता है, बिना साक्षियों के शक्ति हमेशा व्यर्थ होती है। सभी प्रेरितों और परमेश्वर के लोगों ने पवित्र आत्मा में बपतिस्मा लिया फिलिप ने सामरिया में प्रचार किया और बहुतों को प्रभु के पास लाया। पतरस ने 3000 लोगों को प्रचार किया और उनके दिल पश्चाताप के लिए प्रेरित हुए।

B. सुसमाचार प्रचार में पवित्र आत्मा की भूमिका: सुसमाचार प्रचार में पवित्र आत्मा की बहुत बड़ी भूमिका है क्योंकि पवित्र आत्मा हमें बताती है कि हमें कहाँ जाना है और सुसमाचार प्रचार करना है, हमें इस दुनिया में पवित्र आत्मा से स्थायी सहायता मिलती है।

C सुसमाचार प्रचार का व्यावहारिक पहलू: आज दुनिया में परमेश्वर का दिव्य

कार्यकारी एजेंट पवित्र आत्मा है। वह उस कार्य को जारी रख रहा है जिसे यीशु ने शुरू किया था। वह दुनिया भर में लाखों विश्वासियों और अविश्वासियों को प्रेरित कर रहा है, घरों, चर्चों, जेलों, उन जगहों पर जहाँ कई शताब्दियों तक सुसमाचार

का विरोध किया गया। पवित्र आत्मा को कम करके नहीं आंका जा सकता है, वह शक्ति से भरा हुआ है और जहाँ प्रार्थना उसे अर्पित की जाती है, वहाँ मौजूद है। जब कोई व्यक्ति पवित्र आत्मा में बपतिस्मा लेता है, तो यीशु की उपस्थिति ही सुसमाचार के रहस्य को प्रकट करने के लिए आती है। पवित्र आत्मा हमेशा हमारे द्वारा प्रचारित किए जाने वाले उपदेशों को विकसित करने के लिए तैयार रहती है। हमें पवित्र आत्मा के साथ संवाद विकसित करने की आवश्यकता है जिसे हम उसमें विकसित करना चाहते हैं "पवित्र आत्मा के संवाद के माध्यम से हमें आध्यात्मिक आशीर्वाद प्राप्त होते हैं और हम उसे अपनी सच्ची इच्छाएँ बताते हैं"।1.

7

पवित्र आत्मा की शिक्षा

पवित्र आत्मा की शिक्षा हमेशा विश्वासियों को सीखने के लिए पाठों की ओर ले जाती है। वह विश्वासियों को मसीह का अनुसरण करना सिखाता है। वह उन्हें स्वर्ग और पृथ्वी के प्रभु की सेवा करने में सक्षम बनाता है। पवित्र आत्मा हमें मसीह की समानता में लाता है। वह हमें बाइबल की गहरी सच्चाई सिखाता है। शिष्यों के जीवन में दोनों चीजें थीं, परमेश्वर का वचन और पवित्र आत्मा, जिसके कारण वे आत्माओं को जीतने में सफल रहे। मैं समझता हूं कि चर्च को पवित्र आत्मा की शिक्षा को गंभीरता से और अनिवार्य रूप से लेना चाहिए। पवित्र आत्मा के साथ अनुभव में प्रवेश करना एक स्कूल की तरह है जो कभी बंद नहीं होता या छुट्टियां नहीं देता। यह निरंतर सीखना और परमेश्वर का कार्य करना है।

8

गवाहिया

1. बहन रीता चर्च में किरा के घर के लिए प्रार्थना करने आई थी, लेकिन प्रभु ने उसी दिन चार घंटे के भीतर उसे अपना घर दे दिया। उसे अपना घर मिल गया।

2. राजा (24 वर्षीय युवक) को डॉक्टरों की मेज पर मृत अवस्था से उठाया गया, वह दुर्घटना का शिकार हुआ और उसके मस्तिष्क को बहुत नुकसान पहुंचा, एक विश्वासी बहन ने पादरी से उसके जीवन के लिए प्रार्थना करने को कहा, उसने मोबाइल फोन द्वारा संपर्क किया, पादरी ने राजा के लिए प्रार्थना की। राजा मर चुका था, लेकिन प्रार्थना के कारण वह कुछ ही मिनटों में मृत अवस्था से उठाया गया, डॉक्टर आश्चर्यचकित थे।

3. दो व्यक्तियों को डॉक्टरों ने रक्त की भयानक बीमारी के कारण छह महीने का समय दिया था , लेकिन परमेश्वर ने उन्हें तुरंत ठीक कर दिया।

4. 22 मई 1997 को पादरी के बेटे मार्शल पीटर की पीजीआई अस्पताल ले जाते समय मृत्यु हो गई thee। उस समय मार्शल 10 महीने का बच्चा था, उसे तेज बुखार था और उसके हाथ में घाव था। पवित्र आत्मा ने पादरी की पत्नी से कहा कि अस्पताल मत जाओ, बल्कि परमेश्वर से प्रार्थना करो। मार्शल पूरी तरह से मर चुका था, उसमें कोई जीवन नहीं था, पादरी ने बड़ी आस्था के साथ प्रार्थना की और 20 मिनट के बाद मार्शल ने सांस ली और जीवित हो गया। वे अस्पताल नहीं गए और खुशी-खुशी घर वापस आ गए।

ऐसी और कई गवाही हैं जिनका उल्लेख यहां नहीं किया गया है।

• 13 •

विवाह की विधि

(विवाहन के दिन नियमित समय पर व्यवस्था के अनुसार जिनका विवाह होना तय है वे इस प्रकार खड़े हो कि पुरुष स्त्री के दाहिने हाथ और स्त्री पुरुष के बायें हाथ खड़ी होवे। तब पास्टर / अगुवा इस प्रकार कहे)

प्रियो, हम यहां परमेश्वर की कलीसिया तथा इन साक्षियों के सामने इसलिये इकट्ठे हुए हैं कि इस पुरुष और इस स्त्री को पवित्र विवाह में जोड़ें। यह एक प्रतिष्ठित दशा है जिसको परमेश्वर ने मनुष्य की निर्दोषता की दशा में ठहराया, और यह इस रहस्य का चिन्ह है जो मसीह और उसकी कलीसिया के बीच में है। और विवाह में उपस्थित होने और गलील के काना नगर में पहिला आश्चर्य-कर्म करने से मसीह ने इस पवित्र दशा को आभूषित और सुशोभित किया। इसलिये कोई शीघ्रता और अबुद्धिमानी से इस कार्य में हाथ न लगाएं, परन्तु बड़े आदरभाव, सोच विचार और परमेश्वर के भय से इसमें सम्मिलित हो।

ये दोनों स्त्री पुरुष यहां विवाह की पवित्र विधि के द्वारा संयुक्त होने को आये हैं। इसलिये यदि कोई जन कोई ऐसा विशेष कारण जानता हो जिससे ये व्यवस्था की रीति से विवाह नहीं कर सकते हैं तो बतलावें, अन्यथा इसके पश्चात् सदा तक चुप रहे।

(तब पास्टर / अगुवा उनसे जो विवाह करने को आये हैं उनसे यह कहे)

मैं तुम दोनों से यह कहता हूँ कि यदि तुम में से कोई ऐसा कारण जानता हो कि जिससे तुम अपना विवाह व्यवस्था की रीति से नहीं कर सकते हो तो उसे अभी बतलाओ और इसको निश्चय जानो कि जितने परमेश्वर के वचन की सम्मति के विरूद्ध जोडे जाते हैं, उनको परमेश्वर नहीं जोड़ता और न उनका विवाह, विवाह है।

यदि किसी प्रकार का विरोध न हो तो पास्टर/अगुवा पुरुष का नाम लेकर यह कहे)

(नाम)

क्या तुम इस स्त्री को अपनी विवाहिता पत्नी होने के लिये स्वीकार करते हो और यह मान लेते हो कि उसके साथ परमेश्वर की आज्ञा के अनुसार विवाह की पवित्र दशा में रहोगे? क्या तुम बीमारी और कुशलता में उसको प्यार करोगे और उसे शान्ति दोगे, उसका आदर करोगे, उसको अपने पास से अलग न करोगे और सब औरों को छोड के जब तक तुम दोनों जीते रहों उसी के साथ रहोगे?

(तब पुरुष यह उत्तर दे)

हां मैं ऐसा ही करूंगा।

(तब पास्टर/अगुवा स्त्री से यह कहे)

(नाम)..

क्या तुम इस पुरुष को अपना विवाहित पति होने के लिये स्वीकार करती हो और यह मान लेती हो कि उसके साथ परमेश्वर की आज्ञा के अनुसार विवाह की पवित्र दशा में रहोगी? क्या तुम बीमारी और कुशलता में उसको प्यार करोगी और उसे शान्ति दोगी, उसका आदर करोगी, उसको अपने पास से अलग न करोगी और सब औरों को छोड़ के जब तक तुम दोनों जीते रहो उसी के साथ रहोगी?

(तब स्त्री यह उत्तर दे)

हां मैं ऐसा ही करूंगी।

(तब पास्टर/अगुवा यह कहे कि कौन इस स्त्री को इस पुरुष से विवाह के लिये देता है) उत्तरः- मैं देता हूँ।

(तब पास्टर/अगुवा पुरुष से कहे कि अपने दाहिने हाथ से स्त्री का दाहिना हाथ पकड़ो और इस प्रकार कहो)

मैं तुझ को परमेश्वर के पवित्र नियम के अनुसार अपनी विवाहिता स्त्री स्वीकार करता हूँ और आज के दिन से जब तक कि मृत्यु हम दोनो को अलग न करे भलाई और बुराई, सम्पति और विपत्ति, बीमारी और कुशलता में तुझ से मिला रहूंगा और तुझे प्यार करूंगा और तेरी सुधि लेता रहूंगा और मैं विश्वासपूर्वक तुझे यह वचन देता हूँ।

(तब दोनों अपने हाथ छोड़ दें और स्त्री पुरुष का दाहिना हाथ अपने दाहिने हाथ में लेकर इस प्रकार कहे)

मैं... तुझ को परमेश्वर के पवित्र नियम के अनुसार अपना विवाहित पति स्वीकार करती हूँ और आज के दिन से जब तक कि मृत्यु हम दोनों को अलग न करे, भलाई और बुराई, सम्पति और विपत्ति, बीमारी और कुशलता में तुझ से मिली रहूंगी और तुझे प्यार करूंगी और तेरी सुधि लेती रहूंगी और मैं विश्वासपूर्वक तुझे यह वचन देती हूं।

(यदि वे चाहते हैं तो पुरुष एक छल्ला पास्टर / अगुवा को दे और वे उसे लेकर कर पुरुष से कहे कि स्त्री के बायें हाथ की अनामिका अंगुली में पहिनाओ और मेरे साथ यह कहो) इस छल्ले से मैं तुझे ब्याहता हूँ और अपनी सांसारिक सम्पति तुझे देता हूँ, पिता

और पुत्र और पवित्र आत्मा के नाम से। आमीन ।।

(तब पास्टर/अगुवा इस रीति से प्रार्थना करे)

हे सनातन काल के परमेश्वर, सभों के जन्मदाता, रक्षक और सब आत्मिक आशिषों और अनन्त जीवन के दाता, तू अपने इन दास और दासी अर्थात् इस पुरूष और इस स्त्री को जिन्हें हम तेरे नाम से आशीर्वाद देते हैं आशिष दे कि ये दोनों अपनी इस वाचा को जो इन्होंने इस समय आपस में बांधी है विश्वास के साथ पूरा करें और सदा प्रेम और मेल से रहें और तेरे नियम को विश्वास के साथ पूरा करें और सदा प्रेम और मेल से रहें तथा तेरे नियम के अनुसार जीवन व्यतीत करें। हमारे प्रभु यीशु मसीह के द्वारा। आमीन।

(तब पास्टर / अगुवा उनके दाहिने हाथ मिलावे)

हे प्रियों जब कि

और

ने इस पवित्र विवाह में

परस्पर एका किया है और इन दोनों ने परमेश्वर और इस सभा के सन्मुख इस बात को मान भी लिया और एक दूसरे को विश्वास के साथ स्वीकार भी किया और इस को अपने हाथों के मिलाने से प्रकट भी किया है, इस कारण मैं इनको पिता, पुत्र और पवित्रात्मा के नाम से पति और पत्नी घोषित करता हूँ। जिनको परमेश्वर ने जोड़ा है उनको कोई अलग न करे। आमीन ॥ (तत्पश्चात हस्ताक्षार के लिए जाए)

(तब पास्टर/अगुवा उनको यह वर दे)

परमेश्वर पिता और पुत्र और पवित्र आत्मा तुम्हें वर दे, तुम्हारी रक्षा करे, और तुम्हें बचाये रखे। परमेश्वर तुम पर अपनी दया दृष्टि करे और तुम्हें आत्मिक आशिष और अनुग्रह से ऐसा परिपूर्ण करे कि तुम इस जीवन को एक साथ ऐसा निर्वाह करो कि परलोक में अनन्त जीवन प्राप्त करो। आमीन ।।

(तब पास्टर/अगुवा और कलीसिया मिलकर प्रभु की प्रार्थना पढ़ें)

हे हमारे पिता, तू जो स्वर्ग में है। तेरा नाम पवित्र माना जाए। तेरा राज्य आए। तेरी इच्छा जैसी स्वर्ग में पूरी होती है वैसे पृथ्वी पर भी हो। हमारी दिन भर की रोटी आज हमें दे। और जैसे हमने अपने अपराधियों को क्षमा किया है वैसे ही हमारे अपराधों को क्षमा कर। और हमें परीक्षा में न डाल परन्तु बुराई से बचा क्योंकि राज्य, पराक्रम और महिमा सदा तेरे ही हैं। आमीन ।।

(तब पास्टर/अगुवा यह आशीर्वाद दे)

परमेश्वर की शान्ति जो सारी समझ से परे है तुम्हारे हृदय और तुम्हारे विचारों को परमेश्वर और उसके पुत्र हमारे प्रभु यीशु मसीह की पहचान और प्रेम में स्थिर रखे और सर्वशक्तिमान परमेश्वर पिता और पुत्र और पवित्रात्मा की आशिष

सदा तक तुम्हारे साथ रहे। आमीन ॥

सदा तक तुम्हारे साथ रहे। आमीन ॥

मृतकों को मिट्‌टी देने अथवा अन्तिम संस्कार करने की विधि

(पास्टर/अगुवा मृतक के आगे आगे चले और यह पढे)

यीशु ने उससे कहा पुनरूत्थान और जीवन मैं ही हूँ जो मुझ पर विश्वास करे वह यदि मर भी जाए तो भी जीएगा। और जो कोई जीवता और मुझ पर विश्वास करता है वह कभी न मरेगा।

(यूहन्ना 11:25, 26)

क्योंकि हम जानते हैं कि जब हमारा पृथ्वी पर डेरा सा घर गिराया जाए तो हमें परमेश्वर की ओर से स्वर्ग पर एक ऐसा भवन मिलेगा जो हाथ का बना हुआ घर नहीं

पर सदा काल के लिये होगा। (2) कुरिन्थियों 5:1

और मैंने उसमें कोई मन्दिर न देखा क्योंकि सर्वशक्तिमान प्रभु परमेश्वर और मेम्ना उसका मन्दिर हैं। और उस नगर में सूरज और चांद के उजाले का प्रयोजन नहीं क्योंकि परमेश्वर के तेज से उसमें उजाला हो रहा है और मेम्ना उसका दीपक है।

(प्रकाशितवाक्य 21:22, 23)

(गृह कलीसिया अथवा गिरजे में निम्नलिखित पाठों में से एक पढ़ा जाय)

(भजन संहिता 23)

यहोवा मेरा चरवाहा है मुझे कुछ घटी न होगी। वह मुझे हरी-हरी चराइयों में बैठाता है। वह मुझे सुखदाई जल के पास ले चलता है। वह मेरे जी में जी ले आता है धार्मिकता के मार्गों में वह अपने नाम के निमित मेरी अगुवाई करता है। चाहे मैं घोर अन्धकार से भरी हुई तराई में होकर चलूं तो भी हानि से न डरूंगा क्योंकि तू मेरे साथ रहता है तेरे सोंटे और लाठी से मुझे शान्ति मिलती है। मेरे सताने वालों के सामने मेरे लिये मेज लगाता हैं तूने मेरे सिर पर तेल डाला है। मेरा कटोरा उमण्ड रहा है। सचमुच भलाई और करूणा जीवन भर मेरे पीछे-पीछे बनी रहेंगी और मैं यहोवा के घर में सर्वदा रहूंगा।

(भजन संहिता 90:1,2, 4,6,12,14,16,17)

हे प्रभु तू पीढ़ी-पीढ़ी हमारे लिये धाम बना हैं। उससे पहिले कि पहाड़ उत्पन्न हुए और तू पृथ्वी और जगत को रचा वरन अनादिकाल से अन्तकाल तक तू ही ईश्वर हैं। क्योंकि हजार वर्ष तेरी दृष्टि में बीते हुए कल के दिन व रात के एक पहर के सरीखे है। तू मनुष्यों को धारा में बहा देता हैं वे स्वप्न ठहरते हैं। भोर को

बढ़नेवाली घास के सरीखे होते हैं। जो भोर को फूलती और बढ़ती है और सांझ तक कटकर मुर्झा जाती है। हमको अपने दिन गिनने की समझ दे कि हम बुद्धिमान हो जाएं। भोर को हमें अपनी करूणा से तृप्त कर कि हम जीवन भर जय जयकार और आनन्द करते रहें। तेरा काम तेरे दासों को और तेरा प्रताप हमारी सन्तान पर प्रकट हो और हमारे परमेश्वर यहोवा की मनोहरता हम पर प्रकट हो। तू हमारे हाथों का काम हमारे लिये दृढ कर, हमारे हाथों के काम को दृढ़ कर।

तब निम्नलिखित पाठ पढ़ा जाय)

(1 कुरिन्थियों 15: 41-49, 53-58)

सूरज का तेज और है, चांद का तेज और है और तारों का तेज और है (क्योंकि एक सारे से दूसरे तारे के तेज में भेद है)। मरे हुओं का जी उठाना भी ऐसा ही है। शरीर नाशमान बोया जाता है अविनाशी जी उठता है। वह अनादर के साथ बोया जाता है तेज के साथ जी उठता है, निर्बलता के साथ बोया जाता है और सामर्थ्य के साथ जी उठता है। स्वाभाविक देह बोया जाता है आत्मिक देह जी उठती है। जब कि स्वाभाविक देह है तो आत्मिक देह मी है। ऐसा ही लिखा भी है, कि पहिला मनुष्य, आदम जीता प्राणी बना और पिछला आदम जीवनदायक आत्मा बना। पर पहिला आत्मिक न था पर स्वाभाविक था इस के बाद आत्मिक हुआ। पहिला मनुष्य पृथ्वी से मिट्टी का था दूसरा मनुष्य स्वर्ग से है। जैसा वह मिट्टी का था वैसे वे भी हैं जो मिट्टी के हैं और जैसा वह स्वर्गीय है वैसे वे भी हैं जो स्वर्गीय है। और जैसे हम ने उस का रूप जो मिट्टी का था धरण किया वैसे ही उस स्वर्गीय का रूप भी धारण करेंगें।

क्योंकि अवश्य है कि यह नाशमान देह अविनाश को पहिन ले, और यह मरनहार अमरता को पहिन ले। और जब यह नाशमान अविनाश को पहिन लेगा और यह मरनहार अमरता को पहिन लेगा, तब यह वचन जो लिखा है, पूरा हो जाएगा, कि जय ने मृत्यु को निगल लिया। हे मृत्यु तेरी जय कहां, हे मृत्यु तेरा डंक कहां। मृत्यु का डंक पाप है, और पाप का बल व्यवस्था है। परन्तु परमेश्वर का धन्यवाद हो, जो हमारे प्रभु यीशु मसीह के द्वारा हमें जयवन्त करता है। सो हे मेरे प्यारे भाइयों, दृढ़ और अचल रहो, और प्रभु के काम में सदा बढ़ते जाओ क्योंकि यह जानते हो कि तुम्हारा परिश्रम प्रभु में व्यर्थ नहीं है।

(अथवा)

(यूहन्ना 14:1-3, 15-20, 25-27)

तुम्हारा मन न घबराए, परमेश्वर पर विश्वास रखते हो मुझ पर भी विश्वास रखो। मेरे पिता के घर में बहुत से रहने के स्थान हैं, यदि न होते, तो मैं तुम से कह

देता, मैं तुम्हारे लिये जगह तैयार करने जाता हूं। यदि तुम्हारे लिए जगह तैयार करूं तो फिर आकर तुम्हें अपने यहां ले जाऊंगा, कि जहां मैं रहूं वहां तुम भी रहो।

यदि तुम मुझसे प्रेम रखते हो तो मेरी आज्ञाओं को मानोगे। और मैं पिता से विनती करूंगा, और वह तुम्हें एक और सहायक देगा कि वह सदा तुम्हारे साथ रहे। अर्थात् सत्य का आत्मा जिसे संसार ग्रहण नहीं कर सकता, क्योंकि वह न उसे देखता और न उसे जानता है। तुम उसे जानते हो, क्योंकि वह तुम्हारे साथ रहता है, और तुम में होगा।

मैं तुम्हें अनाथ न छोड़ूंगा, मैं तुम्हारे पास आता हू। और थोडी देर है कि संसार मुझे फिर न देखेगा पर तुम मुझे देखोगे इसलिये कि मैं जीता हू तुम भी जीते रहोगे। उस दिन तुम जानोगे कि मैं अपने पिता में हूं और तुम मुझ में और मैं तुम में।

ये बातें मैंने तुम्हारे साथ रहते हुए तुम से कहीं। पर सहायक अर्थात् पवित्र आत्मा जिसे पिता मेरे नाम से भेजेगा वह तुम्हें सब बातें सिखाएगा और जो कुछ मैंने तुम से कहा है वह सब तुम्हें स्मरण कराएगा। मैं तुम्हें शान्ति दिये जाता हूं अपनी शान्ति तुम्हें देता हूँ जैसे संसार देता है मैं तुम्हें नहीं देता।

(अथवा)

(प्रकाशित वाक्य 79-17)

इसके पीछे मैंने दृष्टि की और देखो हर एक जाति, और कुल, ओर लोग और भाषा में से ऐसी बड़ी भीड़, जिसे कोई गिन नहीं सकता था उजले वस्त्र पहिने, और अपने हाथों में खजूर की डालियां लिये हुए सिंहासन के सामने और मेम्ने के सामने खडी है। और बड़े शब्द से पुकार कर कहती है कि उद्धार के लिये हमारे परमेश्वर का जो सिंहासन पर बैठा है और मेम्ने का जय-जयकार हो। और सारे स्वर्गदूत, उस सिंहासन और प्राचीनों और चारों प्राणियों के चारों ओर खड़े हैं, फिर वे सिंहासन के सामने मुँह के बल गिर पड़े, और परमेश्वर को प्रणाम करके कहा, आमीन। हमारे परमेश्वर की स्तुति, महिमा, ज्ञान, धन्यवाद, आदर, सामर्थ्य और शक्ति युगानुयुग बनी रहें। आमीन। इस पर प्राचीनों में से एक ने मुझसे कहा: ये उजले वस्त्र पहिने हुए कौन हैं? और कहां से आए हैं? मैंने उससे कहा; हे स्वामी तू ही जानता है। उसने मुझसे कहा; ये वे हैं, जो उस बड़े क्लेश में से निकलकर आए हैं; इन्होनें अपने अपने वस्त्र मेम्ने के लोहू में धोकर उजले किये हैं। इसी प्रकार ये परमेश्वर के सिंहासन के सामने हैं, और उसके मन्दिर में उसकी रात दिन सेवा करते रहते हैं, जो सिंहासन पर बैठा है वह उनके ऊपर तम्बू तानेगा। वे फिर भूखे और प्यासे न होंगे और न उन पर धूप, न कोई तपन पडेगी। क्योंकि मेम्ना जो

सिंहासन के बीच में है, उनकी रखवाली करेगा, और उन्हें जीवन रूपी जल के सोतों के पास ले जाया करेगा, और परमेश्वर उन की आंखो से सब आंसू पोछ डालेगा।

(मृतक को कबर में रखने के पश्चात पास्टर / अगुवा यह कहे अथवा यह कहने के पश्चात् अन्तिम संस्कार किया जाए)

हे परमेश्वर, तू यह बता कि मेरा अन्त क्या है और मेरी उम्र कितनी है कि मैं जानूं कि मैं कितना अशक्त हूं।

हम जीते ही मृत्यु में पडे हैं, इस कारण यद्यपि तू हमारे पापों के कारण हम से अप्रसन्न है जिस पर भी हम तुझको छोड़ किसकी सहायता ढूंढे? हे अति पवित्र प्रभु परमेश्वर, हे सर्वशक्तिमान परमेश्वर, हे पवित्र और दयालु त्राता, हमें अनन्त मृत्यु की पीडा में न डाल।

हे पवित्र सर्वशक्तिमान परमेश्वर, हे पवित्र और दयालु त्राता, हे सनातन काल के अति योग्य न्यायी परमेश्वर, हमारे मरते समय मृत्यु के दुःख के कारण हमें अपने से अलग होने मत दें। आमीन ॥

सर्वशक्तिमान परमेश्वर ने इस मृतक की आत्मा को इस संसार से बुला लिया है. इसलिये हम अनन्त जीवन की आशा से उस के शरीर को अन्त के दिन जी उठने तक भूमि को सीपते हैं। मिट्टी को मिट्टी, राख को राख, और धूल को धूल, अपने प्रभु यीशु मसीह के द्वारा जो कि अपने बड़े वैभव के साथ जगत का न्याय करने को दूसरी बार आएगा, उसके आने पर भूमि और समुद्र अपने-अपने मृतकों को जो उनमें हैं दे डालेंगे। तब उनके नाशमान

शरीर जो मसीह में होके सो गये हैं बदले जाएंगे और ये उसके ऐश्वर्यमय शरीर और उसी सामर्थ्य के समान जिससे वह राब वस्तुओं को अपने वश में कर सकता है बन जायेगा।

"मैंने स्वर्ग से एक शब्द सुना जो मुझसे कहता था कि लिख वे मृतक जो प्रभु में होके भरते हैं सो अब से धन्य हैं और आत्मा का कहना है कि हां वे अपने परिश्रम से विश्राम पाते हैं।

(तब पास्टर/अगुवा यह कहे)

हे परमेश्वर हम पर दया कर।

हे मसीह हम पर दया कर।

हे परमेश्वर हम पर दया कर।

(तब पास्टर/अगुवा यह प्रार्थना करे)

हे सर्वशक्तिमान परमेश्वर, जो प्रभु में होके इस संसार से जाते हैं उनकी आत्माएं शरीर के बोझ से छूटकर तेरे पास आनन्द मंगल में रहती हैं। हम

अन्तःकरण से तेरा धन्यवाद करते हैं कि तेरे सेवक इस संसार में योग्य नमूना छोड़ जाते हैं और विश्वास के साथ अपनी दौड़ पूरी करते हैं और अन्त में अपने परिश्रम से विश्राम पाते हैं। हम यह विनती करते हैं कि हम भी तेरे सच्चे विश्वासियों के साथ तेरे सनातन राज्य में प्रवेश करें। हमारे प्रभु यीशु मसीह के द्वारा। आमीन ॥

(प्रार्थना)

हे दयालु परमेश्वर, हमारे प्रभु यीशु मसीह के पिता, जो कोई यीशु पर जो कि पुनरूत्थान और जीवन है विश्वास लाता है यद्यपि वह मर जावे तथापि जीयेगा, और जो कोई उस पर विश्वास लाता है और उसमें रहता है वह कभी न मरेगा। हम दीनता से तुझसे विनती करते हैं कि तू हे पिता, हमें पाप की मृत्यु से बचा के धार्मिकता के जीवन में पहुंचा, कि जब हम इस जीवन से छुटकारा पाए तो मसीह में विश्राम पाए और अन्त के दिन हम तेरे निकट ग्रहण होवें, और उस आशिष को पाए जिसे तेरा प्रिय पुत्र उस समय उन सब को जो तुझसे प्रेम रखते और डरते है कहेगें कि हे मेरे पिता के धन्य लोगो आओ और उस राज्य को जो कि जगत के आरम्भ से तुम्हारे लिये सिद्ध किया गया है अधिकार में लो। हे दयालु पिता, हम तुझसे विनती करते हैं कि तु हमारी इस विनती को हमारे त्राता और मुक्तिदायक प्रभु यीशु मसीह के द्वारा सुन। आमीन।

हे हमारे पिता तू जो स्वर्ग में है तेरा नाम पवित्र माना जाए तेरा राज्य आए तेरी इच्छा जैसी स्वर्ग में पूरी होती है वैसे पृथ्वी पर भी होवे। हमारी दिन भर की रोटी आज हमें दे और जैसे हमने अपने अपराधियों को क्षमा किया है वैसे ही हमारे अपराधों को क्षमा कर। और हमें परीक्षा में न डाल, परन्तु बुराई से बचा, क्योंकि राज्य और पराक्रम और महिमा सदा तेरे ही हैं। आमीन ॥

हमारे प्रभु यीशु मसीह का अनुग्रह और परमेश्वर पिता का प्रेम और पवित्रात्मा की संगति हम सभों के साथ तथा इस मृतक के दुःखी परिवार के साथ सदा रहे। आमीन ।